„Die mörderische Tyrannei der Türken"

Arnold Toynbee

Writat

Diese Ausgabe erschien im Jahr 2024

ISBN: 9789359945903

Herausgegeben von
Writat
E-Mail: info@writat.com

Inhalt

VORWORT.

Niemand, der die Geschichte des Nahen Ostens in den letzten fünf Jahrhunderten studiert hat, wird überrascht sein, dass die alliierten Mächte erklärt haben, sie wollten der Herrschaft der Türken in Europa ein Ende setzen. Noch weniger wird er von ihrem Entschluss abrücken, die christliche Bevölkerung des sogenannten türkischen Reiches, sei es in Asien oder in Europa, von einer Regierung zu befreien, die sie in diesen fünf Jahrhunderten nur unterdrückt hat. Diese Veränderungen sind in der Tat längst überfällig. Sie hätten schon vor mehr als einem Jahrhundert erfolgen müssen, denn damals war bereits deutlich geworden, dass die Türken hoffnungslos unfähig waren, unterworfene Völker anderer Religion auch nur annähernd gerecht zu regieren. Die Türken waren nie zu irgendeinem anderen Zweck als zum Kämpfen von Nutzen. Sie können nicht verwalten, obwohl sie in ihren früheren Tagen so klug waren, intelligente christliche Verwalter einzusetzen. Sie können keine Gerechtigkeit schaffen. Als Regierungsmacht haben sie sich immer als unfähig, korrupt und grausam erwiesen. Sie haben immer zerstört, nie geschaffen.

Diejenigen, die wir Türken nennen, sind im eigentlichen Sinne des Wortes überhaupt keine Nation. Die osmanischen Türken waren ein kleiner Erobererstamm aus Zentralasien, der während der ersten zwei Jahrhunderte seiner Eroberungen von einer Reihe außerordentlich fähiger und skrupelloser Sultane regiert wurde, die die christliche Bevölkerung Kleinasiens und Südosteuropas unterwarfen, einen Teil dieser Bevölkerung zwangen, den Islam anzunehmen, und ihre eigene Macht stützten, indem sie die Kinder der übrigen entführten, sie gewaltsam zum Islam konvertierten und aus ihnen eine schlagkräftige stehende Armee machten, die Janitscharen, mit deren Tapferkeit und Disziplin die türkischen Eroberungskriege vom frühen 15. bis ins 19. Jahrhundert geführt wurden. Wie ein berühmter englischer Historiker schrieb, sind die Türken nichts weiter als eine Räuberbande, die in den Ländern lagerte, die sie verwüstet haben. Wie Edmund Burke schrieb, sind die Türken Wilde, mit denen keine zivilisierte christliche Nation ein Bündnis eingehen sollte.

Die türkische Herrschaft in Europa sollte beendet werden, denn selbst in dem kleinen Teil, den der Sultan noch hält, ist er eine fremde Macht, die in dieser Region die christliche Bevölkerung griechischer oder bulgarischer Herkunft unterdrückt, massakriert, abschlachtet oder aus ihren Häusern vertreibt und dies auch jetzt tut. Aus einem ähnlichen Grund sollte die türkische Herrschaft aus den westlichen Küstenregionen Kleinasiens vertrieben werden. Die Bevölkerung dort besteht größtenteils, vielleicht sogar hauptsächlich, aus griechisch sprechenden Christen. Ebenso sollte die türkische Herrschaft aus Konstantinopel vertrieben werden, einer Stadt von unvergleichlicher wirtschaftlicher und politischer Bedeutung, deren Schutz man ihr nicht anvertrauen kann. Ebenso sollte sie aus Armenien, Kilikien und Syrien vertrieben werden, wo sie in den letzten zwei Jahren ihre christlichen Untertanen, den friedlichsten, fleißigsten und intelligentesten Teil der Bevölkerung, vernichtet hat.

Wenn ein türkisches Sultanat überhaupt bestehen bleiben soll, könnte man es mit dem geringsten Schaden für die Welt in Zentral- und Nordkleinasien dulden, wo die Bevölkerung hauptsächlich aus Muslimen besteht und es verhältnismäßig wenige Christen gibt - und diese nur in den Städten -, die unter seiner Misswirtschaft leiden. Selbst dort würde man Mitleid mit seinen Untertanen haben, Muslimen wie Christen, aber ein schwacher türkischer Staat, wie er dann wäre, könnte sich nicht die Verbrechen trauen, deren er sich schuldig gemacht hat, als er noch verhältnismäßig stark war.

Dass die Fehler der türkischen Regierung unheilbar sind, zeigt sich am deutlichsten daran, dass die Bande der Jungtürken, die nach der Absetzung Abdul-Hamids an die Macht kam, in ihrer Abschlachtung der harmlosen Armenier selbst dieses Ungeheuer an Grausamkeit übertraf. Das „Komitee für Einheit und Fortschritt" begann damit, allen Rassen und Glaubensrichtungen gleiche Rechte zu versprechen. Das war die „Einheit". Es ging sofort nicht nur dazu über, die griechisch sprechenden Einwohner Westkleinasiens zu vertreiben und die Armenier auszurotten, sondern auch zu versuchen, die Albaner (Muslime wie Christen) zu turkisieren und ihre Sprache zu verbieten. Das ist es, was die „Einheit" in Wirklichkeit bedeutet hat. Was der „Fortschritt" in den Händen von Grobianen wie Enver und Talaat bedeutet hat, preußisierten Muslimen, die schlimmer sind als die alten türkischen Paschas, haben wir alle in den letzten drei Jahren gesehen. Der muslimische Bauer Kleinasiens ist ein ehrlicher, freundlicher Kerl, wenn er nicht vom Fanatismus aufgestachelt wird, doch die Türken sind als Regierungsmacht uneinbringlich, und die alliierten Mächte hätten allen Grundsätzen von Recht und Menschlichkeit, für die sie kämpfen, unrecht getan, wenn sie nicht verkündet hätten, dass es künftig keiner türkischen Regierung mehr gestattet sein wird, Untertanen eines anderen Glaubens zu tyrannisieren.

BRYCE, IST DAS?

„DIE MÖRDERISCHE TYRANNEI DER TÜRKEN."

DIE ZIELE DER ALLIIERTEN.

Präsident Wilson forderte in seiner Note an alle kriegführenden Regierungen beide Parteien auf, die Ziele, die sie sich mit der Kriegsführung gesetzt haben, offen darzulegen. In ihrer gemeinsamen Antwort vom 11. Januar 1917 erklären die alliierten Nationen, dass sie keine Schwierigkeiten haben, dieser Aufforderung nachzukommen, und machen ihre Worte wahr, indem sie eine Reihe konkreter Bedingungen stellen. Unter ihnen sind:

„ Die Befreiung der Völker, die heute unter der mörderischen Tyrannei der Türken liegen; und

„ Die Vertreibung des Osmanischen Reiches aus Europa, das sich für die westliche Zivilisation als so radikal fremd erwiesen hat. "

Der Plan der Alliierten zur Regelung der Türkei wird somit der Welt vorbehaltlos mitgeteilt, und es lohnt sich zu untersuchen, was er beinhaltet und warum er richtig ist.

DIE UNTERWORFENEN VÖLKER DER TÜRKEI.

Welche Völker in der Türkei sind die Alliierten entschlossen, zu befreien? Das Osmanische Reich hat etwas mehr als 20.000.000 Einwohner, und von diesen sind nur etwa 8.000.000 - weniger als 40 Prozent der Gesamtbevölkerung - Türken. [1] Es gibt 7.000.000 Araber; es gibt 2.000.000 Armenier (oder vielmehr gab es sie vor den Grausamkeiten von 1915); auch die Griechen zählen knapp 2.000.000, und es gibt wahrscheinlich die gleiche Zahl nichttürkischer Bergbewohner - Kurden, Nestorianer, Drusen, Maroniten und so weiter. Die nichttürkischen Völker machen somit mehr als 60 Prozent der Bevölkerung der Türkei aus. Sie alle waren schon vor der Ankunft der Türken im Land ansässig – die Türken eroberten Kleinasien etwa zur selben Zeit, als die Normannen England eroberten, während mehrere der eroberten Völker seit undenklichen Zeiten dort lebten – und alle diese Völker befanden sich seit ihrer türkischen Herrschaft und seit ihrer Eroberung auf ihrem Tiefpunkt.

Die Griechen waren die führenden Vertreter der Zivilisation in der Antike und im Mittelalter, bis das griechische Reich von Konstantinopel 1453 von den Türken erobert wurde. Von diesem Moment an fielen sie aus der Zivilisation aus, bis der Befreiungskrieg vor einem Jahrhundert einem Teil der griechischen Nation die Unabhängigkeit zurückgab. Die Griechen, die unter türkischer Herrschaft blieben, blieben auch vom griechischen Nationalleben abgeschnitten.

Die Armenier waren das erste Volk, das das Christentum zu seiner Nationalreligion machte. Sie sind ein intellektuelles Volk, klug und fleißig in praktischen Angelegenheiten und im geistigen Leben. Als sie ein unabhängiges Königreich besaßen, brachten sie eine hervorragende Literatur und Architektur hervor, die durch die türkische Eroberung zerstört wurde. Seitdem haben die Türken alle Anzeichen einer armenischen Wiedergeburt durch Massaker unterdrückt, von denen das schrecklichste im vergangenen Jahr verübt wurde.

Die Araber schufen eine wunderbare Zivilisation zu der Zeit, als das mittelalterliche Europa in seinem dunkelsten Zeitalter war. Ihre Entdeckungen in Mathematik, Astronomie, Chemie und Medizin sind die Grundlagen der modernen Wissenschaft, wie die arabischen Wörter in unserem wissenschaftlichen Vokabular bezeugen. Diese arabische Zivilisation wurde im 11. Jahrhundert von den türkischen Migrationen aus Zentralasien überschwemmt und von den Mongolen ausgelöscht, die den Türken folgten und im 13. Jahrhundert Bagdad, die arabische Hauptstadt, plünderten. Die Araber sind immer noch die fortschrittlichste Rasse in der islamischen Welt; sie sind in der Bevölkerung des Osmanischen Reiches fast so zahlreich wie die Türken, und sie sind nicht durch einen Unterschied in der Religion von den Türken getrennt. Dennoch schließt die türkische Regierung sie von jeglicher Kontrolle aus und hat ihre Wiederbelebung ebenso beharrlich vereitelt wie die der Armenier und Griechen. Auch sie wurden während des gegenwärtigen Krieges massakriert und verbannt.

Auch die Kurden waren vor den Türken da, aber sie haben nicht die gleiche Tradition wie die anderen drei Rassen. In ihrem Fall haben die Türken keine bestehende Zivilisation zerstört, sondern sie daran gehindert, eine Zivilisation zu entwickeln, als sie dazu die Neigung zeigten. Der Kurde war viele Jahrhunderte lang ein gesetzloser Berghirte, aber wenn er in die Ebenen hinabsteigt, wird er zu einem hart arbeitenden, friedlichen Landwirt. Die türkische Regierung hat diese Tendenz, die sich bei den Kurden vor etwa einem halben Jahrhundert zu zeigen begann, bewusst unter Kontrolle gebracht, indem sie ihnen Waffen aushändigte und ihnen erlaubte, ihre armenischen Nachbarn zu schikanieren.

DIE MÖRDERISCHE TYRANNEI DER TÜRKEN: DIE ERSTE PHASE.

Diese Verstümmelung und Entstellung begabterer Völker ist an sich schon eine schwere Anklage gegen die türkische Herrschaft, aber das Unrecht wird durch die unerhörten Methoden, mit denen es ausgeführt wurde, unendlich schlimmer. Diese Methoden werden in der Antwort der Alliierten auf Präsident Wilsons Frage zu Recht als „ *mörderische Tyrannei* " bezeichnet.

Es gibt drei Phasen in der Geschichte der osmanischen Tyrannei, und die schlimmste Phase ist die Gegenwart. Der Osmanische Staat war von Anfang bis Ende ein rein militärischer Staat. Osman, sein Gründer, von dem die Osmanischen Türken ihren Namen haben, war der erbliche Anführer einer wandernden Bande türkischer Freibeuter aus Zentralasien, dessen Vater von bereits in Kleinasien ansässigen türkischen Sultanen die Erlaubnis erhalten hatte, sich auf Kosten der benachbarten Christen ein Fürstentum zu erobern, so wie die Deutschen Ritter das Fürstentum Preußen auf Kosten der ursprünglichen einheimischen Bevölkerung erobern konnten. Diese osmanische Herrschaft, die im 13. Jahrhundert mit einem Gebiet von wenigen Quadratkilometern im Nordwesten Kleinasiens begann, dehnte sich während der nächsten dreihundert Jahre aus, bis sie sich von wenigen Kilometern von Wien bis nach Mekka und Bagdad erstreckte. Sie zerstörte das alte Kaiserreich von Konstantinopel, das im Mittelalter die griechische Gelehrsamkeit bewahrt hatte, die freien christlichen Königreiche Bulgarien, Serbien, Bosnien, Walachei, Moldawien und Ungarn sowie die unabhängigen muslimischen Staaten Westasiens. Eine derartige Karriere zerstörerischer Eroberungen war eine Katastrophe für die Zivilisation und wurde nur durch einen rücksichtslosen Militarismus möglich.

Die osmanische Methode der Wehrpflicht bestand darin, den eroberten Christen einen Tribut an Kindern abzunehmen – so viele Kinder aus jeder Familie alle paar Jahre –, sie in Kasernen als fanatische Moslems aufzuziehen und sie zu professionellen Rekruten auszubilden. Diese „Janitscharen", die von Jugend an militarisiert und von allen menschlichen Bindungen getrennt waren, außer der Loyalität zu ihrem Kriegsherrn, waren die beeindruckendsten Soldaten Europas, und jedes neue christliche Land, das sie eroberten, war ein neues Rekrutierungsfeld für ihre Korps. Das Osmanische Reich saugt seinen Opfern buchstäblich das Blut aus, und seine Geschichte als Vampirstaat ist in der Weltgeschichte beispiellos.

DIE ZWEITE ETAPPE: ABD UL-HAMID.

Dies war die erste Phase in der osmanischen Geschichte; die zweite, in einem rein militärischen Staat unvermeidliche, war der innere und äußere Verfall. Das Reich wurde von Österreich, Russland und anderen ausländischen Mächten zerschlagen; die unterworfenen Völker begannen ihre Freiheit zurückzugewinnen, indem sie sich vom türkischen Joch befreiten. Eine gute Regierung hätte diesen Gefahren dadurch begegnet, dass sie die Bedingungen des Reiches verbessert hätte. Sie hätte versucht, die unterworfenen Völker zufrieden zu stellen, ihren Entwicklungsmöglichkeiten freien Lauf zu lassen und sie zu einem Bollwerk gegen äußere Feinde zu machen. Aber die türkische Regierung hatte weder die Vorstellungskraft noch den guten Willen, eine solche Politik zu verfolgen. Sie hatte nichts außer ihrer militärischen Tradition der Gewalt und List, und sie versuchte, die Folgen ihrer eigenen Verkommenheit abzuwenden, indem sie die unterworfenen Völker noch schwächer und elender machte als sie sich selbst. Dies war die Politik Abd ul Hamids, der von 1876 bis 1908 regierte, und seine Methode bestand darin, eine Rasse gegen die andere auszuspielen. Die Kurden wurden ermutigt, die Armenier zu massakrieren; Als die Armenier Widerstand leisteten, wurde den türkischen Soldaten befohlen, sich an dem Massaker zu beteiligen. Den Bulgaren wurde erlaubt, bewaffnete Banden zu bilden, um die Dörfer Mazedoniens zu „bulgarisieren", und den Griechen wurde erlaubt, eigene Banden zu bilden, um ihnen Widerstand zu leisten. Die mazedonischen Bauern wurden von beiden Parteien gequält, und wenn sie den Banden Unterschlupf gewährten, um deren Rache zu entgehen, rückten türkische Truppen an und brannten das Dorf wegen Hochverrats am Osmanischen Staat nieder.

DIE DRITTE PHASE: DIE JUNGTÜRKEN.

In der ersten Phase zahlten die unterworfenen Völker ihren Kindertribut und waren dann sich selbst überlassen. In der zweiten Phase wurden sie durch die machiavellistische Politik Abd al-Hamids dazu getrieben, sich gegenseitig zu vernichten. Die dritte Phase wurde von den Jungtürken eingeleitet, die die unterworfenen Völker durch systematische Regierungsmaßnahmen vernichteten – eine Regierung, die ihre Ressourcen zur Ermordung ihres eigenen Volkes einsetzte. Und diese Maßnahmen wurden mit verdoppelter Kraft und Rücksichtslosigkeit durchgeführt, seit die türkische Regierung in den Krieg eintrat und sich der Unterstützung Deutschlands bei ihrer Trotzreaktion gegen die zivilisierte Welt sicher war.

Die Jungtürken sind „Nationalisten", die in der deutschen und magyarischen Schule gelernt haben. Ihre nationale Idee besteht darin, anderen ihre eigene Nationalität mit Gewalt aufzuzwingen. Als die Jungtürken 1908 an die Macht kamen, verkündeten sie ein Programm der „Osmanisierung". Alle Sprachen des Reiches außer Türkisch sollten vertrieben werden. Türkisch sollte die einzige Regierungssprache und sogar die einzige Sprache der höheren Bildung sein. Die nichttürkische Mehrheit sollte mit Gewalt der türkischen Minderheit assimiliert werden. Das Programm war eine Kopie der „Preußisierung" der Polen und der „Magyarisierung" der Rumänen, Slowaken und Südslawen in Ungarn, die die Alliierten in einem anderen Abschnitt ihrer Note ebenfalls von der Fremdherrschaft befreien wollen. Aber in ihrem Nationalismus wie auch in ihrem Militarismus sind die Türken weiter gegangen als ihre europäischen Gegenstücke. Die Preußen enteignen polnische Grundbesitzer gegen Zahlung eines Preises für ihr Land; die Türken vertreiben mittellose Griechen und Bulgaren aus ihren Häusern und von ihren Besitztümern. Die Magyaren mobilisieren Truppen, um Slowaken und Rumänen bei den Wahlen zu terrorisieren; die Türken ziehen die Verbrecher aus ihren Gefängnissen zur Gendarmerie, um die armenische Rasse auszurotten. Seit Beginn ihrer Regimes haben die Jungtürken ihr nationalistisches Programm durch Schlächtereien verfolgt. Die Massaker von Adana im Jahr 1909, das schrecklichste Massaker an Armeniern zwischen den Massakern Hamidias von 1895-6 und den gegenwärtigen, ereigneten sich innerhalb eines Jahres nach der Verkündung der jungtürkischen Verfassung, die allen Einwohnern des Reiches gleiche Bürgerrechte garantierte. 1913 war die türkische Armee damit beschäftigt, die Albaner auszurotten, weil diese einen unosmanischen Nationalgeist hatten. Diese Arbeit wurde durch den Balkankrieg unterbrochen, doch die Türken rächten sich für ihre Niederlage in diesem Krieg, der große griechische und slawische Bevölkerungen von ihrem Joch befreite, indem sie alle Griechen und Slawen ausrotteten, die in den von ihnen noch gehaltenen Gebieten zurückgeblieben waren. Sie beschäftigten sich damit in der Zeit zwischen dem Ende des Balkankriegs und dem Beginn des europäischen Krieges, und Griechenland stand kurz davor, erneut Krieg mit der Türkei zu führen, um die schwindenden Überreste der Griechen in der türkischen Gewalt zu schützen, als die Krise von dem größeren Konflikt abgelöst wurde. Sobald die Türkei Verbündeter Deutschlands wurde, hielt Deutschland die Jungtürken davon ab, ihre griechischen Untertanen zu verfolgen, da es nicht in Deutschlands Interesse war, dass Griechenland auf der Seite der Entente in den Krieg verwickelt wurde. Aber es ließ ihnen freie Hand gegenüber ihren anderen unterworfenen Völkern, und das Ergebnis waren die *armenischen und arabischen Grausamkeiten* , die 1915 begannen und seitdem andauern.

DIE ARMENISCHEN GRÄUELTATEN VON 1915.

Nur ein Drittel der zwei Millionen Armenier in der Türkei hat überlebt, und das um den Preis, vom Islam abzufallen oder alles zurückzulassen, was sie besaßen, und über die Grenze zu fliehen. Die Flüchtlinge sahen ihre Frauen und Kinder am Straßenrand sterben, und der Abfall vom Glauben bedeutete für eine Frau den Tod durch Heirat mit einem Türken und Aufnahme in dessen Harem. Die anderen zwei Drittel wurden „deportiert", das heißt, sie wurden in Gruppen ohne Nahrung oder Kleidung für die Reise Hunderte von Kilometern über holprige Bergstraßen aus ihren Häusern weggetrieben, bei glühender Hitze und bitterer Kälte. Sie wurden von ihren Wächtern und von subventionierten Räuberbanden ausgeplündert und gequält, die sie in der Wildnis überfielen und mit denen ihre Wächter freundschaftlich verbunden waren. Ausgetrocknet vor Durst wurden sie mit Bajonetten vom Wasser ferngehalten. Sie starben an Hunger, Kälte und Erschöpfung, und an einsamen Orten fielen die Wächter und Räuber über sie her und ermordeten sie gruppenweise – manche schon am ersten Rastplatz nach der Abreise, andere, nachdem sie wochenlang diese qualvolle Reise ertragen hatten. Ungefähr die Hälfte der Deportierten – und insgesamt waren es mindestens 1.200.000 – kam auf dieser Reise um, und die andere Hälfte stirbt seither am Ende ihrer Reise einen langsamen Tod; denn sie wurden in die unwirtlichsten Regionen des Osmanischen Reiches deportiert: in die Malariasümpfe der Provinz Konia; an die Ufer des Euphrat, wo er zwischen Syrien und Mesopotamien durch eine Steinwüste fließt; auf die schwüle und völlig verlassene Strecke der Hedschasbahn. Die noch lebenden Verbannten haben schlimmer gelitten als jene, die zu Beginn der Reise gewaltsam umkamen.

Derselbe Vernichtungsfeldzug wurde gegen die nestorianischen Christen an der persischen Grenze und gegen die Araber Syriens geführt, Christen und Moslems ohne Unterschied. In Syrien herrscht Terror. Die arabischen Führer wurden bereits eingesperrt, hingerichtet oder deportiert, und die Masse der Bevölkerung ist wie gelähmt, erwartet das Schicksal der Armenier und fürchtet jeden Augenblick, den Ausrottungsbefehl zu hören.

Diese umfassende Vernichtung, die bereits zwei der unterworfenen Völker in der Türkei erfasst hat und die ganze 60 Prozent der Bevölkerung bedroht, die nicht türkisch sprechen, ist das direkte Werk der türkischen Regierung. Der „Deportationsplan" wurde von der Zentralregierung in Konstantinopel ausgearbeitet und gleichzeitig an alle lokalen Behörden des Reiches telegrafiert; er wurde von den Beamten, der Gendarmerie, der Armee und den im Dienste der Regierung organisierten Räuber- und Kriminellenbanden ausgeführt. Kein Staat könnte für eine Tat innerhalb seiner Grenzen mehr verantwortlich sein als der Osmanische Staat für die entsetzlichen Verbrechen, die er während des Krieges an seinen unterworfenen Völkern begangen hat.

„DER WESTLICHEN ZIVILISATION RADIKAL FREMD."

Diese Verbrechen und die Phasen der osmanischen Geschichte, die ihnen vorausgingen, zeigen in der Sprache der Alliierten-Note, dass „ *das Osmanische Reich sich als der westlichen Zivilisation radikal fremd erwiesen hat* ". Wo sich die osmanische Herrschaft ausbreitete, ging die Zivilisation zugrunde. Solange die osmanische Herrschaft andauerte, blieb die Zivilisation inaktiv. Sie konnte erst wieder aufblühen, als es den unterdrückten Völkern gelang, unter Verlust ihres eigenen Blutes und mit Hilfe zivilisierter Nationen, die glücklicher waren als sie selbst, das türkische Joch abzuschütteln. Und diese Kämpfe waren für die Freiheit und den Fortschritt in der Welt umso wertvoller, als die Auferlegung türkischer Herrschaft über ein anderes Volk ein unschätzbarer Verlust gewesen wäre.

Die Alliierten sind entschlossen, dieser langen Geschichte des Grauens ein Ende zu setzen. Sie werden „ *die Völker befreien, die jetzt dieser mörderischen Tyrannei ausgesetzt sind* ". Aber sie verkünden keine tyrannische Absicht gegenüber den Türken selbst. In einem anderen Abschnitt ihrer Note geben sie zu Protokoll, dass „ *es nie ihre Absicht war, die Ausrottung oder politische Vernichtung der germanischen Völker anzustreben* ". Diese Erklärung gilt implizit auch für die Magyaren, Bulgaren und Türken, die die Verbündeten der germanischen Völker sind. Es gibt Regionen in Kleinasien, in denen die Türken unangefochtene Bewohner des Landes sind. Die Alliierten haben nicht die Absicht, die Türken aus diesen Regionen zu „deportieren" oder auszurotten, so wie die Türken die Armenier aus den ihnen gehörenden Regionen deportiert haben. Die Türken werden, wie die Deutschen, Magyaren und Bulgaren, dort bleiben, wo sie hingehören. Außerhalb des weiten Territoriums, über das er gegenwärtig herrscht, wird man ihm erlauben, sein gerechtes Pfund Fleisch zu behalten, doch wehe ihm, wenn er künftig auch nur einen Tropfen christlichen Blutes vergießt …

DIE NEUORDNUNG EUROPAS.

Diese Regelung der Lage in der Türkei ist ein logischer Bestandteil des allgemeinen Kriegsziels der Alliierten: „ *Die Neuordnung Europas, gewährleistet durch eine stabile Ordnung, die gleichermaßen auf dem Nationalitätenprinzip, auf dem Recht aller Völker, ob klein oder groß, auf volle Sicherheit und freie wirtschaftliche Entwicklung sowie auf territorialen Abkommen und internationalen Vereinbarungen beruht, die die Land- und Seegrenzen gegen ungerechtfertigte Angriffe schützen.* "

Dieses Ziel ist keine Erfindung von gestern; es ist seit einem Jahrhundert das Streben aller Freiheitsliebhaber.

„ *Lasst die Türken* ", sagte Herr Gladstone in einer berühmten Rede, „ *ihre Missbräuche auf die einzig mögliche Weise beseitigen, nämlich indem sie sich selbst beseitigen. Ich hoffe, ihre Zaptiehs und ihre Mudirs, ihre Bimbashis und ihre Yuzbashis, ihre Kaimakams und ihre Paschas, alle mit Sack und Pack, werden aus der Provinz verschwinden, die sie verwüstet und entweiht haben.* "

Die Provinz, für die Herr Gladstone plädierte, war Bulgarien. Seit Bulgarien jedoch befreit wurde, erlitten die anderen Völker, die noch immer unter der Tyrannei verharrten, Gräueltaten, die in ihrem Ausmaß und ihrer Ungerechtigkeit unendlich viel schlimmer waren als jene, die im Jahr 1876 die Empörung der Welt erregten.

Heinrich von Treitschke liebte viele Dinge mehr als die Freiheit, aber die Entweihung der Freiheit durch die Türken entlockte ihm eine ebenso scharfe Kritik wie Gladstone selbst. „ *Eine nahe Zukunft* ", schreibt er, „ *wird hoffentlich den Skandal auslöschen, dass sich ein solches Heidentum jemals auf europäischem Boden etabliert hat. Was hat dieses türkische Reich in ganzen drei Jahrhunderten getan? Es hat nichts als Zerstörung getan.* "

Treitschke und Gladstone, Männer, die in Europa sehr unterschiedliche Ideale vertraten, riefen einstimmig zur Befreiung von den Türken auf. Und heute kämpfen die Alliierten darum, ihre Ziele zu verwirklichen.

DAS NATIONALITÄTENPRINZIP.

Mit der Regelung des Problems der Türkei werden die Alliierten offensichtlich eine historische Aufgabe krönen, an der sie selbst in früheren Zeiten gearbeitet haben. Die *Befreiung der unterworfenen Völker der Türkei* und die *Neuorganisation der Länder unter der mörderischen Tyrannei* des Sultans auf der Grundlage der Nationalitäten begannen vor einem Jahrhundert mit den nationalen Unabhängigkeitskämpfen der Serben und Griechen - Kämpfe, die Teil des allgemeinen Freiheitskampfes in Europa waren und die Völker anderer unterworfener Länder inspirierten. England, Frankreich und Russland griffen 1827 ein, um Griechenland den Lohn für seinen Heldenmut zu sichern, als es seinem Unterdrücker fast zu erliegen drohte. Russland zwang die Türkei 1831 in ihrem Friedensvertrag mit der Türkei, die serbische Autonomie anzuerkennen. Und indem Russland 1877 zu den Waffen griff, befreite es Rumänien und Serbien von der türkischen Oberhoheit, befreite weitere ihrer unterdrückten Brüder für Serbien und Griechenland und gab Bulgarien seine nationale Existenz zurück. Im Balkankrieg von 1912-13 führten die Balkanstaaten das Werk aus eigener Kraft fort und vertrieben das Osmanische Reich aus allen Provinzen, die es in Europa noch tyrannisierte, mit Ausnahme von Konstantinopel und Thrakien. 1916 befreite der Scherif von Mekka, am anderen Ende des Herrschaftsbereichs des osmanischen Eroberers, eine arabische Provinz und die Heilige Arabische Stadt, deren legitimes Oberhaupt er ist. Es ist Aufgabe der Entente, die Araber Syriens und die Armenier zu befreien, die sich nicht selbst retten können.

Die Syrer und Armenier waren der Türkei gegenüber in ihrer Stunde der Gefahr nicht illoyal, wie die Türken und Deutschen behaupten. Die arabischen und armenischen Wehrpflichtigen haben im Balkankrieg und im gegenwärtigen, noch schrecklicheren Konflikt pflichtbewusst für eine Sache gekämpft, die nicht ihre eigene war. Ihre Führer sind zu umsichtig und das Volk zu friedfertig, ihr Einsatz ist zu groß, ihre Streitkräfte sind zu verstreut, als dass sie auch nur einen Augenblick lang an einen bewaffneten Aufstand denken könnten. Aber ihr loyales und aufrichtiges Verhalten hat sie nicht vor der Grausamkeit ihrer türkischen Herrscher bewahrt; es hat sie nur einem kaltblütigen Vernichtungsplan ausgesetzt, den die Jungtürken derzeit mit aller Macht verfolgen. Die Erlösung dieser unschuldigen Völker aus der Hölle, in die sie geworfen wurden und in der sie in Qualen verharren werden, solange der osmanische und preußische Militarismus anhält, obliegt den Alliierten, wenn sie ihr Versprechen einlösen wollen.

KONSTANTINOPEL.

Dies verdanken die Alliierten bei der Regelung der Türkei dem *Nationalitätenprinzip* . Darüber hinaus sind sie jedoch verpflichtet, *das Recht aller Völker, ob klein oder groß, auf volle Sicherheit und freie wirtschaftliche Entwicklung zu verteidigen* , und dies berührt den Status von Konstantinopel.

Konstantinopel ist seit der Eroberung durch die Türken von ihrem letzten christlichen Kaiser im Jahr 1453 die politische Hauptstadt des Osmanischen Reiches. Doch seit es überhaupt eine Stadt ist, ist es auch der strategische und wirtschaftliche Schlüssel zum Schwarzen Meer, der die Sicherheit aller an die Schwarzmeerküste grenzenden Völker bestimmt und deren wirtschaftliche Entwicklung dominiert. Es ist die kosmopolitischste Stadt der Welt. Gegenwärtig gehört sie den Türken durch Eroberungsrecht, doch dieses Recht rechtfertigt ihre Vertreibung durch Krieg, wenn es ihr ursprüngliches Eindringen rechtfertigt, und aus umfassenderen Erwägungen hinsichtlich Bevölkerung, Gefühlen, Traditionen und Denkmälern der Vergangenheit ist Konstantinopel eher die Hauptstadt aller christlichen Völker des Ostens. Doch ist es nicht der ausschließliche Besitz eines seiner einheimischen Einwohner, unabhängig davon, ob ihre Anwesenheit dort aus älterer oder relativ neuer Zeit stammt. Das wichtigste Viertel Konstantinopels ist Pera, jenseits des Goldenen Horns. Es wird von einer ausländischen Handelsgemeinde bewohnt, die in ihrer Zusammensetzung ebenso international ist wie die Handelsgemeinde im chinesischen „Vertragshafen" Shanghai. Der größte Teil des Transithandels, der Konstantinopel seinen Rang als Hafen verleiht, geht durch die Hände dieser ausländischen Einwohner. Aber auch sie sind nicht die Parteien, die am stärksten am wirtschaftlichen Status Konstantinopels und der Meerengen beteiligt sind. Wenn die Bedingungen ihnen nicht passen, können sie ihre Geschäfte woanders hin verlagern. Die Parteien, für die das Schicksal Konstantinopels eine Frage von Leben und Tod ist, sind Russland und Rumänien, zwei Länder, die aufgrund ihrer geographischen Lage für immer dazu verpflichtet sind, ihren Seehandel über das Schwarze Meer und die Meerengen, die dorthin führen, abzuwickeln, und die daher wirtschaftlich jeder dritten Macht ausgeliefert sind, die die Kontrolle über die Meerengen in ihren Händen hält.

DAS RECHT AUF UMFASSENDE SICHERHEIT.

Und das ist keine theoretische Frage. Es ist jedes Jahr ein praktisches Problem für die russische Volkswirtschaft und bringt einen Unsicherheitsfaktor in den russischen Handel, der sich zutiefst nachteilig auf den Wohlstand des Landes auswirkt. Als Souverän der Meerengen besitzt die Türkei nicht nur das technische Recht, die Meerengen für den Schiffsverkehr zu sperren; sie übt dieses Recht auch willkürlich aus. Dreimal wurden die Meerengen in den letzten sechs Jahren von der Türkei gesperrt – während ihres Krieges mit Italien, während des Krieges mit den Balkanstaaten und nach Ausbruch des europäischen Krieges zu einem Zeitpunkt vor dem Eingreifen der Türkei selbst in den Kampf. Man könnte vielleicht argumentieren, dass die Sperrung in jedem dieser Fälle aus militärischer Sicht notwendig war, um das politische Eigentum der Türkei an diesen „Hoheitsgewässern" zu sichern. Aber wenn das so ist, dann ist dies an sich schon das stärkste Argument dafür, einer unabhängigen, verantwortungslosen Regierung eine Handelsstraße aus den Händen zu nehmen, deren ordnungsgemäße Regulierung für das wirtschaftliche Wohlergehen des russischen und rumänischen Volkes von wesentlicher Bedeutung ist. Selbst wenn die Türkei ein freundlicher, stabiler Staat wäre, wäre die Situation kaum erträglich; doch tatsächlich war sie im letzten Jahrhundert, ob nun aus Verschulden oder aus Unglück, häufiger im Krieg als jeder andere Staat der Welt, und ihre Feindseligkeit richtete sich hauptsächlich gegen Russland, das Land, das am stärksten von der Störung des Verkehrs durch die Meerengen betroffen war. Die Schließung der Meerengen im letzten Moment, als Russland mit Deutschland im Krieg war und dringend auf die Einfuhr von Vorräten angewiesen war, kann kaum anders als als feindselige Handlung interpretiert werden – als Vorwegnahme des offenen Krieges, den die Türkei Russland in den nächsten Wochen führen würde. Es wäre unmöglich, diese wirtschaftliche Waffe bei der Friedensregelung in den Händen der Türkei zu lassen. Durch die Schließung der Meerengen in einem beliebigen Jahr genau zu dem Zeitpunkt, an dem die russische Ernte verschifft und zur Ausschiffung bereit war und die russischen Importeure ihre jährlichen Auslandskäufe auf Kredit bis zum vollen voraussichtlichen Wert getätigt hatten, den die Ernte auf den Märkten der Welt erzielen würde, könnte die Türkei Russland mit einer Finanzkrise bedrohen, die an den Staatsbankrott grenzt. *Vollständige Sicherheit und freie wirtschaftliche Entwicklung* wären für Russland am Horizont verschwunden - und nicht nur für Russland, sondern für die ganze Welt. Denn mit einem solchen Trumpf in der Hand könnten die Türkei und ihre deutschen Gönner der Versuchung nicht widerstehen, einen wirtschaftlichen „Krieg nach dem Krieg" zu führen, der Russland in die Knie zwingen und es ihnen ermöglichen würde, jene Ambitionen gegen Russland zu verwirklichen, die sie mit Waffengewalt nicht verwirklichen konnten.

KEINE ALTERNATIVE.

Neuordnung Europas die Kontrolle über die Meerengen und die Herrschaft über die unterworfenen Völker entzogen werden, und zwar durch eine stabile Regelung, die das Ziel der Alliierten ist. Neutrale, die zu Recht einen Frieden so schnell wie möglich anstreben, der mit der Erreichung der wesentlichen

Ziele vereinbar ist, können sich jedoch fragen, ob eines oder beide der für die Regelung des türkischen Reiches wesentlichen Ziele nicht durch weniger drastische Maßnahmen als eine Neuziehung der Grenzen und eine Übertragung der territorialen Souveränität erreicht werden können. Kann die Befreiung der unterworfenen Völker nicht durch ein System der Dezentralisierung oder lokalen Autonomie unter externer Garantie und Aufsicht erreicht werden, ohne die territoriale Integrität der Türkei zu beeinträchtigen? Ist dies nicht ein Bereich, in dem die Hauptkriegsparteien auf beiden Seiten, unter Hinzunahme der Vereinigten Staaten, zusammenarbeiten könnten? Die Antwort ist, dass genau dies die Lösung war, die im 19. Jahrhundert versucht wurde und die durch den gegenwärtigen Krieg endgültig gescheitert ist. Im 19. Jahrhundert brachte das Europäische Konzert die Türkei tatsächlich unter eine gewisse Vormundschaft. Die osmanischen Zölle wurden durch Verträge geregelt; die Zölle und andere Einnahmequellen wurden von einer Internationalen Verwaltung der osmanischen Schulden verwaltet, die die Anleihegläubiger der Türkei vertrat. Es gab verschiedene Versuche mit lokaler Autonomie; Kreta und der Libanon genossen Selbstverwaltung unter ausländischer Garantie; es gab einen Versuch, die von der türkischen Regierung in Mazedonien absichtlich geschürte Anarchie zu heilen, indem man die Regierung zwang, ausländische Gendarmerieinspektoren mit bestimmten Aufsichtsbereichen zu akzeptieren; es gab ein Versprechen von Reformen in den armenischen Vilayets, das der Türkei auf dem Internationalen Kongress in Berlin abgenötigt wurde, aber nie über das Stadium von Plänen auf dem Papier hinauskam. Leider ist es wahr, dass diese gemeinsame europäische Vormundschaft illusorisch war, dass sie die *mörderische Tyrannei* , die die türkische Regierung immer charakterisiert hat, nicht beseitigen oder auch nur mildern konnte, und dass die Jungtürken die Gelegenheit des Krieges genutzt haben, um sie gänzlich abzulehnen. Das britische Volk hat diese Schlussfolgerung nicht leichtfertig oder rücksichtslos akzeptiert – wie es sie implizit akzeptiert hat, als es diese gemeinsame Note in Zusammenarbeit mit seinen Verbündeten verfasste. Sie vertreten diese beiden Ziele in Bezug auf die Besiedlung der Türkei – *die Befreiung der unterworfenen Völker* und *die Vertreibung der Türkei aus Europa* – in der absoluten Überzeugung, dass sie notwendig und richtig sind. Aber diese Überzeugung ist an sich schon ein sehr bitteres Eingeständnis des Scheiterns. Sie bedeutet die Umkehr einer Politik, die seit einem Jahrhundert verfolgt wurde; denn während des gesamten 19. Jahrhunderts war Großbritannien der Hauptvertreter der Politik, die auf die Besiedlung der Türkei durch die Wahrung ihrer territorialen Integrität unter der aktiven Vormundschaft des europäischen Konzerts abzielte. Die britische Diplomatie wurde in dieser Hinsicht ständig eingesetzt, und der britische Glaube an diese Politik war so aufrichtig, dass Großbritannien vor einem halben Jahrhundert zu ihrer Verfolgung einen blutigen Krieg mit einem seiner gegenwärtigen Verbündeten begann. Wenn Großbritannien heute ein überzeugter Anhänger der alternativen und drastischeren Lösung ist, dann deshalb, weil das System der gemeinsamen europäischen Kontrolle nach einem Jahrhundert des Experimentierens, das die alte Tyrannei, das Blutvergießen und die Verzweiflung verewigt und verschärft hat, durch den gegenwärtigen Krieg endgültig unmöglich gemacht wurde.

DER DEUTSCH-TÜRKISCHE PAKT.

Um dem ein Ende zu setzen, traten die Jungtürken auf deutscher Seite in den Krieg ein; denn die ausländische Kontrolle bricht automatisch zusammen, wenn eine Großmacht, und erst recht, wenn eine Gruppe zweier Mächte aus dem Abkommen aussteigt, die Verantwortung für die Politik der türkischen Regierung gegenüber den unterworfenen Völkern und den Wirtschaftswegen, die sie in ihrer Gewalt hält, ablehnt und diese Regierung wirksam dabei unterstützt, alle Ansprüche auf Intervention seitens der anderen beteiligten Mächte zurückzuweisen. Aber das war der Handel, den Deutschland und die Jungtürken schlossen, als die Türkei die Alliierten im Oktober 1914 ohne Provokation angriff. Die Jungtürken stellten Deutschland alle ihre wirtschaftlichen und militärischen Ressourcen zur Verfügung. Türkische Truppen (natürlich einschließlich des entsprechenden Prozentsatzes an Wehrpflichtigen aus den unterworfenen Völkern) kämpfen an den Fronten von Riga, Halicz und Dobrudscha gegen Deutschland. Die riesigen unentwickelten wirtschaftlichen Ressourcen des Reiches sollen im Falle eines Sieges der deutschen Ausbeutung zugänglich gemacht werden, sobald der Frieden wieder hergestellt ist. Dies sind Zugeständnisse, die die Türkei eifersüchtig jeder anderen Macht vorenthalten hat; und der Preis, den Deutschland für sie bezahlt hat, ist die Garantie für nur eines: dass die Jungtürken freie Hand haben werden, jede externe Kontrolle abzulehnen und ihre Politik der „Osmanisierung" zu Ende zu führen.

FREIE HAND ZUR „OSMANISIERUNG".

Die Türken haben nicht gezögert, ihren Teil der Abmachung zu erfüllen, und sie haben ebenso schnell die ihnen von Deutschland zugesicherte freie Hand genutzt. Zuerst haben sie die „Kapitulationen" abgelehnt – ein System von Verträgen, die an sich nicht besonders gerecht waren, aber dennoch Verträge, zu denen sich die Türkei verpflichtet hatte –, durch die die bürgerlichen Freiheiten der in der Türkei ansässigen Ausländer gegen die Unzulänglichkeiten des türkischen Rechtsverfahrens geschützt wurden. Dann haben sie die Zollverträge abgelehnt und sie durch einen neuen (kürzlich veröffentlichten) eigenen Zoll ersetzt. Als nächstes haben sie den Reformplan für die armenischen Vilayets aufgehoben, den sie aufgrund des europäischen Konzerts schließlich ratifiziert hatten, und die beiden Generalinspektoren, einen Holländer und einen Norweger, entlassen, die sie selbst beauftragt hatten, den Plan in die Tat umzusetzen. Aber diese Vertragsbrüche waren geringfügige Vergehen im Vergleich zu den armenischen Deportationen, deren Schrecken oben kurz angedeutet wurde und die sie erst durchzuführen wagten, als die Dardanellen-Expedition gescheitert war. Um die Eliminierung aller nichttürkischen Elemente im Reich abzuschließen, versuchen sie nun, sich der amerikanischen Missionare zu entledigen.

DER FELDZUG GEGEN DIE MISSIONARE.

Die Haltung der Jungtürken gegenüber den Missionaren zeigt, dass ihr „Nationalismus" sie nicht nur zu Kriminellen, sondern auch zu Geisteskranken gemacht hat. Die amerikanischen Missionare haben mehr als achtzig Jahre in der Türkei gearbeitet. Ihr Ziel war es, die Religion der unterworfenen christlichen Völker wiederzubeleben und ihnen eine aufgeklärte, moderne Bildung zu geben; sie haben dieses Ziel uneigennützig und mit bemerkenswertem Erfolg verfolgt und ihre Arbeit auf die Moslems ausgedehnt, soweit diese auf ihre Fortschritte reagierten. Sie sind die Schöpfer praktisch der gesamten Sekundarschulbildung, die es heute in der Türkei gibt. Die intelligentesten und fortschrittlichsten Elemente der Bevölkerung des Reiches sind am meisten unter ihren Einfluss geraten und haben von ihnen einen moralischen und intellektuellen Anreiz erhalten, den sie selbst nie gefunden hätten. Die Bildungsarbeit der Missionare hätte unter den Versuchen des 19. Jahrhunderts erwähnt werden müssen, die Türkei durch einen Wiederaufbau im Inneren schrittweise zu reformieren; denn die Wirkung dieser Arbeit war weitaus durchdringender und viel hoffnungsvoller für die Zukunft als die meisten politischen Mittel, die mit diplomatischem Pomp und Zeremoniell vom Konzert der Mächte eingeführt wurden. Und die Missionare waren die besten Freunde der türkischen Regierung und ihrer Untertanen. Sie beteiligten sich nicht an der Politik ihrer Schüler; sie verfolgten keine eigenen politischen Ziele. Sie waren die wertvollsten freiwilligen Helfer, die die Jungtürken bei ihren wichtigsten Zielen hätten haben können, wenn sie ihren demokratischen Bekenntnissen entsprechend gehandelt hätten, und sie waren die Helfer, die sie am wenigsten zu fürchten hatten.

Tatsächlich jedoch haben die Jungtürken, nachdem sie das Werk der Missionare zerstört hatten, indem sie die unterworfenen Völker, unter denen es hauptsächlich ausgeübt wurde, ausrotteten, die Jungen und Mädchen aus ihren Schulen ins Exil, in die Schande und in den Tod verschleppten und die einheimischen Professoren, die die Missionare zu ihren Kollegen ausgebildet hatten, zu Tode folterten, schließlich die amerikanischen Schulen, Colleges und Missionsstationen in vielen Teilen des Reiches konfisziert und auf die

Missionare selbst den schärfsten Druck ausgeübt, damit sie das Land verlassen, dessen Wohltäter sie sind.

Am 4. April 1916 veröffentlichte die türkische Zeitung *Hilal* einen lobenden Artikel über einen Vortrag des Reichstagsabgeordneten Traub. Darin soll sich der Vortragende „gegen jede Missionarstätigkeit im Türkischen Reich" ausgesprochen haben.

Nicht weniger wichtig ", schreibt *Hilal* , *„war die Schließung der von kirchlichen Missionen gegründeten und geleiteten Schulen, eine Maßnahme, die auf die Abschaffung des Kapitularregimes folgte. Dank ihrer Schulen* konnten die Ausländer großen Einfluss auf die jungen Männer des Landes ausüben und waren praktisch für die geistige und intellektuelle Führung unseres Landes verantwortlich. Indem die Regierung sie schloss, hat sie einer ebenso demütigenden wie gefährlichen Situation ein Ende gesetzt …"

Dies ist die Politik der Osmanisierung. Noch deutlicher wurde sie jedoch von einem türkischen Gendarmen im Gespräch mit einer dänischen Rotkreuzschwester ausgedrückt, die aus ihrem Krankenhausposten in Erzindjan entlassen worden war, weil sie gegen die Deportationen der Armenier protestiert hatte. „‚Zuerst', sagte er, ‚töten wir die Armenier, dann die Griechen, dann die Kurden.' Er", so die dänische Dame, „hätte sicher mit Freude hinzugefügt: ‚Und dann die Ausländer.'" [2]

DIE TÜRKISCH-DEUTSCHE ALLIANZ.

Ohne die moralische und militärische Unterstützung Deutschlands hätten die Jungtürken diesen letzten Ausrottungsfeldzug gegen alles Gute in den Ländern und Völkern, die sich in ihrer Gewalt befinden, nie durchführen können. Aber es ist kein reiner Zufall, dass Türken und Deutsche sich zu diesem unheiligen Zweck zusammengetan haben.

Bei der Verfolgung seiner Ambitionen hat Deutschland im Habsburgerreich und im Osmanischen Reich unschätzbare Instrumente gefunden. Diese Staaten wären in einem freien, demokratischen Europa Anachronismen und sollten, wenn die Entwicklung der Welt gut liefe, in freiwillige Föderationen umgewandelt oder in ihre einzelnen Völker aufgelöst werden. Doch weder die Föderalisierung noch die Auflösung entsprachen den Interessen der tyrannischen Minderheit, die bisher jedes dieser Reiche beherrscht und für ihre eigenen, selbstsüchtigen Zwecke ausgebeutet hat. Im Habsburgerreich sind die Tyrannen die korrupte magyarische Aristokratie, die Ungarn und durch Ungarn das gesamte Reich beherrscht. Im Osmanischen Reich sind sie die Jungtürken, eine Geheimgesellschaft mit einem Zentralkomitee in Konstantinopel und Zweigkomitees in den Provinzen und einer Bande schmutziger Abenteurer als Marionetten an der nominellen Spitze einer angeblich demokratischen Regierung.

Die Jungtürken und die magyarische Oligarchie erkannten, dass die Garantie Preußens, und nur diese, ihre Tyrannei gegen den Fortschritt der Demokratie in Europa schützen konnte. Die Preußen erkannten, dass die Türken und Magyaren ihnen 70.000.000 Menschen für „Kanonenfutter" verkaufen konnten, zusätzlich zu den 70.000.000 Deutschen, Polen, Elsässern und Dänen, die sie bereits besaßen. Diese zusätzlichen 70.000.000 schienen ihnen die Weltherrschaft in greifbare Nähe zu rücken. Der Handel wurde abgeschlossen und der Krieg wurde begonnen, unter dem die ganze Welt leidet und noch eine Zeit lang leiden muss, wenn die Freiheit gerettet und das jahrhundertealte Übel zu einem verspäteten Ende gebracht werden soll.

Status Quo vor August 1914 zurückzukehren – erstens, weil der *Status Quo* unter den Türken selbst nur die Fortsetzung einer Unterdrückung und eines Elends war, die die zivilisierte Welt entehrten und die schon lange vorher hätte beendet werden müssen; und zweitens, weil er während des Krieges unsagbar schlimmer geworden ist als davor. Jedes Element des Guten, das unter der türkischen Regierung seine Existenz bewahrt hatte und das ein System weniger unerträglich machte, das an sich zu böse war, um zu überleben, wird jetzt durch Deportationen, Plünderungen, Entführungen und Massaker ausgelöscht. Das Böse hat sich vollständig vom Guten gereinigt. Die türkische Tyrannei wurde durch das deutsche Bündnis zu einer unnatürlichen Vitalität angestachelt, und die Mittelbündischen träumen davon, die Uhr in Südosteuropa um ein Jahrhundert zurückzudrehen. Sie verderben einen der Balkanstaaten, indem sie ihn mit der Beute der übrigen Staaten überfressen, und hoffen, die Freiheit auf dem Balkan völlig auszulöschen, das Feld, das das 19. Jahrhundert hier für die Demokratie erobert hat, für den Militarismus zurückzuerobern und darüber eine Brücke zu bauen, auf der drei tyrannische Völker - die Preußen, die Magyaren und die Türken - sich die Hände reichen, um eine Vielzahl kleinerer und schwächerer Völker vom Elsass bis Rumänien und von Schleswig bis Bagdad ohne Einmischung zu beherrschen und zu vernichten.

Es geht nicht darum, den *Status Quo zu verbessern* . Der *Status Quo* in der Türkei, der schon vorher unheilbar war, wird aktiv in etwas unendlich Schlimmeres verwandelt, und dies geschieht hinter dem Bollwerk des Militarismus, unter den Augen der zivilisierten Welt.

DIE ANTWORT DER ALLIIERTEN.

Aus diesem Grund sind die Ziele der Alliierten drastisch, aber es ist auch der Grund, warum sie *keine Schwierigkeiten haben, sie offen darzulegen* . Deutschland, das wie die Alliierten Präsident Wilsons Forderung nicht nachgekommen ist, weil es sich seiner Ziele schämt und nicht wagt, sich der Aufnahme auszusetzen, die diese unter allen freien, demokratischen Völkern der zivilisierten Welt finden würden, wird die offenere und ehrenhaftere Erwiderung der Alliierten zweifellos so gut es geht ausnutzen. In Erwartung solcher heimtückischen Manöver wird hier die *mörderische Tyrannei der Türken* sowohl während des Krieges als auch in den Jahrhunderten davor dargelegt, damit der Leser sie beurteilen kann.

Fußnoten.

[1] Das Wort „Türke" wird hier als Synonym für „türkisch sprechend" verwendet. Allerdings ist nur ein Bruchteil der gegenwärtigen türkisch sprechenden Bevölkerung des Osmanischen Reiches türkischer Abstammung. Der Rest sind ältere einheimische Elemente, die von einer Handvoll türkischer Eroberer aus Zentralasien zwangsassimiliert wurden.

[2] Siehe britische offizielle Veröffentlichung: „The Treatment of Armenians in the Ottoman Empire" (Misc. 31, 1916).

www.ingramcontent.com/pod-product-compliance
Lightning Source LLC
LaVergne TN
LVHW091145180726
843490LV00008B/3217